이 책을 만드는 데 도움말을 아끼지 않은
미국 천문 학회장(2018~2020) 메건 도나휴에게
감사 인사를 전합니다.

글 샌드라 니켈

미국 캔자스에서 태어나 작은 농장에서 동물을 키우며 자랐습니다. 어른이 되고 나서는 대학 교재 편집장과 변호사를 비롯해 여러 가지 일을 했어요. 지금은 다양한 경험을 바탕으로 어린이 책에 글을 씁니다. 아이들에게 잘 알려지지 않았지만 중요한 일을 해낸 인물 이야기를 찾아 들려주고 싶습니다. 조금 어려운 내용을 다루더라도 꼭 알아야 할 이야기라면 제대로 전하고자 노력합니다.
sandranickel.com

그림 에이미 시쿠로

어린 시절부터 무언가 손으로 만드는 걸 좋아했습니다. 콜럼버스 예술 대학에서 그림을 공부했고, 샌프란시스코와 뉴욕에서 그림책 창작을 하며 창의력을 마음껏 발휘하고 있어요. 지금까지 『별들 사이에 비밀이 있어요』를 비롯해 여덟 권에 이르는 책에 그림을 그렸습니다. 그림에는 주로 수채 물감과 잉크, 목탄 연필을 써서 다양한 느낌을 표현해요. aimeesicuro.com

옮김 이지혜

대학에서 영어영문학을 공부하고, 영미권 출판번역가이자 기획편집자로 활동하고 있습니다. 옮긴 책으로는 『도전! 희망 신기록』, 『우리 안의 얼간이를 찾아서』, 『어쩌면 최초의 벽화 이야기』 등이 있습니다.

그림책도서관 05

별들 사이에 비밀이 있어 : 암흑 물질을 밝혀낸 베라 루빈 이야기
초판 1쇄 인쇄 2021년 4월 1일 | 글 샌드라 니켈 | 그림 에이미 시쿠로 | 옮김 이지혜
펴낸이 고대룡 | 편집 김리라 | 디자인 고문화 | 펴낸곳 꿈꾸는섬 | 등록번호 제 410-2015-000149호 | 등록일자 2015년 07월 19일
전화 031-819-7896 | 팩스 031-624-7896 | 전자우편 dudmmi@naver.com
ISBN 979-11-973581-0-4 77840 | ISBN 979-11-967903-2-5(세트)

Text copyright © 2021 Sandra Nickel
Illustrations copyright © 2021 Aimée Sicuro
First published in the English language in 2021
By Abrams Books for Young Readers, an imprint of ABRAMS, New York
ORIGINAL ENGLISH TITLE: THE STUFF BETWEEN THE STARS
(All rights reserved in all countries by Harry N. Abrams, Inc.)

Korean translation copyright © 2021 by GGUMSUM
Korean translation rights arranged with Harry N. Abrams, Inc. through EYA(Eric Yang Agency).

이 책의 한국어판 저작권은 EYA(Eric Yang Agency)를 통한 Harry N. Abrams, Inc.사와의 독점 계약으로 꿈꾸는섬이 소유합니다.
저작권법에 의하여 한국 내에서 보호를 받는 저작물이므로 무단전재 및 복제를 금합니다.

 **어린이제품 안전특별법에 의한 기타표시사항**
제품명 도서 | 제조자명 꿈꾸는섬 | 제조년월 2021년 4월 | 사용연령 8세 이상 | 제조국명 한국
주소 (10375) 경기도 고양시 일산서구 후곡로 10 (905동 1001호) | 전화번호 031-819-7896
KC마크는 이 제품이 공통안전기준에 적합하였음을 뜻합니다.

 주의
3세 이하의 영유아는 보호자와 함께 읽으세요.
종이에 베이거나 긁히지 않도록 조심하세요.
책 모서리가 날카로우니 던지거나 떨어뜨리지 마세요.

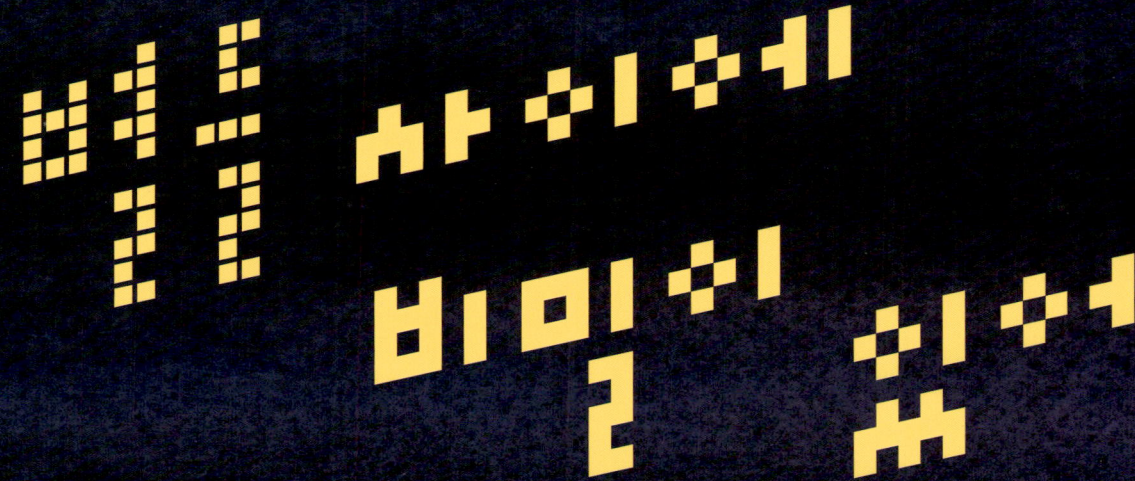

별들 사이에 비밀이 있어

암흑 물질을 밝혀낸 베라 루빈 이야기

샌드라 니켈 지음 | 에이미 시쿠로 그림 | 이지혜 옮김

베라는 날마다 밤하늘을 보는 걸 좋아했습니다. 하지만 열한 살 때 작은 집으로 이사한 뒤에는, 베라의 방에 딸린 창문으로만 밤하늘을 볼 수 있었죠. 침대에 누우면 창문 너머 반짝이는 별이 눈에 들어왔습니다. 별들은 조그마한 유리창을 가로질러 슬며시 나타났다 사라졌어요.

다른 별들도 그렇게 나타났다가 사라졌습니다.

별들이 반짝일 때마다 베라의 마음속에도 무언가가 반짝였어요.

베라는 지도를 보며 밤하늘의 별자리를 공부했습니다.

책도 찾아 읽었지요. 태양과 같은 별은 어떻게 스스로 빛을 내는지, 지구 같은 행성은 별빛을 어떻게 반사하는지 궁금했어요.

렌즈와 두꺼운 종이로 직접 망원경도 만들었어요.
밤하늘 먼 곳까지도 살펴보고 싶었거든요.

하늘에서 햇빛이 사라지고 밤이 되면, 날마다 베라는 불을 끄고 잠든 척했어요. 부모님 몰래 밤하늘을 보려고요. 베라는 북두칠성이 북극성 주위를 도는 모습을 바라보았습니다. 별똥별이 떨어지는 방향을 기억했다가 아침에 지도를 그리겠다고 마음먹기도 했어요. 그러다 까무룩 잠이 들면 보이지 않는 무언가를 꿈꾸었습니다. 꿈속에서 별들 사이에 숨은 비밀을 그렸죠.

열일곱 살이 된 베라는 대학교에 가서 우주를 더 공부하고 싶었습니다. 그런데 고등학교 선생님은 베라에게 여자가 과학 공부를 하는 건 소용없다고 충고했어요. 어떤 대학은 천문학이 아니라 미술을 추천하기도 했지요. 당시 천문학을 공부하는 건 남자뿐이었거든요. 베라는 '남자들의 세계'였던 천문학 분야에서 자신처럼 어린 여성은 환영받지 못한다는 걸 잘 알고 있었습니다.

하지만 베라는 그림을 그리는 것보다 우주를 공부하는 게 더 좋았습니다. 당시 여학교였던 배서 대학교에 입학하니, 천문학을 공부하는 학생은 베라가 유일했어요. 덕분에 학교에 있는 커다란 천체 망원경을 마음껏 쓰면서 언제든 하늘을 관찰하곤 했지요.

대학교를 마칠 즈음, 베라는 수학자 로버트 루빈과
사랑에 빠졌습니다. 그와 결혼하면서 베라에게도
큰 변화가 생겼어요. 달이 지구와 태양 주위를 돌듯이, 베라의
삶도 가족과 우주 연구를 중심으로 움직이기 시작했습니다.

아이를 가진 뒤에도 베라는 계속해서 물음을 던졌습니다.
'북두칠성이 북극성을 중심으로 도는 것처럼, 은하들도 우주의 중심 주위를 도는 게 아닐까?'
베라는 지구본 위에 여러 은하를 표시하고, 은하들이 어떻게 움직이는지 신중하게 관찰하고 또 관찰했습니다. 배 속의 아들이 태어날 무렵에는 자기 생각이 맞을지도 모른다는 결론에 다다랐지요.

마침내 베라는 그동안 연구한 결과를 발표하러 떠났습니다. 별이 가득한 은하수처럼, 앞이 보이지 않는 눈보라를 뚫고 갔어요. 도착한 곳은 미국에서 널리 인정받는 천문학자들이 모이는 자리였지요.

남자로만 이루어진 학자들은 마치 자신들이 은하의 중심인 양 하나로 똘똘 뭉쳐 외쳤습니다.

학자들은
서로 잘 아는 사이인 듯했죠.
베라만 빼고요.

베라는 그 앞에 서서 은하들이 어떻게 움직이는지 발표했습니다.
그러자 한 사람, 한 사람씩 자리에서 벌떡 일어섰어요. 모두 터무니없는 엉터리라고 비난했습니다.
베라는 자신이 가장 작고 하찮은 별이 된 것만 같았어요. 은하 변두리에 있는 별처럼요.
베라는 스스로에게 물었습니다. "내가 정말 천문학자가 될 수 있을까?"

자신을 인정하지 않는 가혹한 평가를 견디기란 쉽지 않았습니다. 그러나 베라는 포기하지 않았어요. 그 후 딸을 낳고 나서도 혼자서 새로운 문제를 연구해 보기로 했습니다. 너무나 재미있는 주제가 되리라 생각했지요.

'은하들은 우주 전체에 점점이 흩어져 있는 걸까?'

'아니면 은하들이 일정하게 무리를 이루어 움직이는 걸까?'

남편과 아이들이 잠든 사이에도, 베라는 별과 달을 보며 밤을 지새웠습니다. 수많은 생각을 더하고 나누길 거듭했지요. 여러 달이 지났을 무렵, 베라는 드디어 해답을 찾아냈습니다. 은하들이 거미줄에 맺힌 이슬방울처럼 수백 개에서 수십만 개씩 무리 지어 있다는 결론이었어요.

그건 그야말로 놀라운 발견이었습니다. 여태껏 누구도 생각하지 못한 연구 결과였지요.
베라는 이 발견 덕분에 천문학 박사 학위를 받았습니다.
이번에는 다른 천문학자들이 이러쿵저러쿵
비판하지 못했어요. 그저 조용히
무시할 따름이었죠.

여전히 베라는 자신이 은하 가장자리에서도 멀리 떨어진 별처럼 느껴졌습니다.

시간이 흘러 두 아들까지 네 아이를 키우면서도 베라는 공부하는 걸 멈추지 않았습니다. 은하를 다룬 거라면 뭐든지 읽고 또 읽었지요. 다른 천문학자들처럼, 높은 산꼭대기에 있는 천문대에 가서 은하를 직접 관찰하고 싶었어요.

천문대에 가면 은하 중심에 가까운 별들이 빠르게 회전하는 모습을 관측할 거예요. 은하 중심에 별들이 많은 만큼, 서로 끌어당기는 중력이 커서 빨리 돌 테니까요. 반대로 은하 중심에서 먼 별도 살펴볼 거랍니다. 멀리 떨어진 만큼 중력이 약해지면서 천천히 움직일 테죠.

한동안 베라는 워싱턴에 있는 대학과 정부 기관에서 천문학을 가르쳤어요.
베라가 하는 연구는 점점 더 많은 천문학자들에게 알려졌습니다.

다른 천문학자들은 베라가 하는 '말도 안 되고', '엉터리 같은' 생각을 함께 이야기하며 나누고 싶어 했습니다.
수많은 은하들이 어떻게 거미줄 위에 맺힌 이슬방울처럼 모여 있는지 알고 싶어 했어요.

다른 일을 하는 동안에도,
천문대에서 연구하고 싶은
바람은 커져만 갔습니다. 베라는
우주에 숨은 비밀을 풀고 싶었죠.

캘리포니아주에는 카네기 연구소에서 운영하는 천문대들이 있었어요. 베라는 그곳에서 연구하는 최초의 여성 천문학자가 되기로 결심했습니다. 그리고 당당히 천문대를 찾아가 포부를 밝혔어요.
"이곳에서 꼭 일하고 싶습니다."

과학자들은 깜짝 놀라 무슨 말을 해야 할지 몰랐습니다. 우선 베라를 점심 식사에 초대해 연구 이야기를 해 달라고 부탁했어요. 베라는 자기 연구를 열심히 설명했습니다. 이를 본 천문 연구소 원장은 크게 감명해, 천문대에서 일할 기회를 주기로 했어요. 드디어 베라가 먼 우주까지 직접 연구할 기회를 얻은 거지요! 이제 우주에 무엇이 있는지 사진으로 남길 수도 있어요.

선배 천문학자들이 다른 질문에 매달리는 동안, 베라는 아무도 눈길 주지 않았던 분야에 도전했습니다. 멀리 은하의 바깥 부분에서 천천히 움직이고 있을 별들을 연구하기로 했어요.

그 후 베라는 캘리포니아주에 있는 팔로마 천문대로 옮겨 갔어요. 그런데 그곳에서 베라가 제일 먼저 발견한 것은, 연구소에 여자 화장실이 없다는 사실이었습니다. 베라가 들어오기 전까지, 연구소에는 남자밖에 없었거든요. 하지만 해결 방법은 간단했어요. 종이를 치마 모양으로 잘라 화장실 문의 남자 그림에 붙여 주면 끝이었죠!

다음으로 베라는 애리조나주의 키트 피크 국립 천문대로 가서, 처음으로 안드로메다은하를 관측했습니다. 은하의 바깥 부분은 나선 모양이었어요. 베라는 시원한 밤하늘을 바라보며 은하의 바깥 부분에서 움직이는 별들을 촬영했습니다.

카메라에 찍힌 사진을 확인하는 동안, 베라는 자신의 눈을 믿기 힘들었습니다. 은하 바깥 부분에 있는 별들이 천천히 움직이지 않았기 때문입니다. 그동안 과학자들이 예상한 것과 달리, 은하 중심에 가까운 별들과 비슷한 속도로 빠르게 움직였어요. 중력이 강한 은하 중심에서 아주 멀리 떨어져 있는데도 말이에요.

사진을 여러 장 더 찍어 보아도 마찬가지였어요. 이 사실을 거듭 확인하면서, 베라의 머릿속에는 어떤 생각이 스쳤습니다. 예전에 천문학자들은 중력을 가진 어떤 물질이 우주에 있다고 생각했어요. 우리 눈에 보이지 않아서 관측할 수 없었기 때문에 '보이지 않는 물질'이라 불렀죠. 또 스스로 빛을 내거나 다른 빛을 반사하지도 않아 '암흑 물질'이라 부르기도 했습니다.

'암흑 물질 때문일까.' 베라는 더 나아가 새로운 가설을 떠올렸어요.
'암흑 물질이 별들 사이 우주 공간을 채우고 있다면?'
'별들 사이에 퍼져 있는 암흑 물질이, 중력으로 별들을 당겨서 별들이 어디에 있든 같은 속도로 움직이게 하는 거야.'
암흑 물질이 눈에 보이지 않더라도, 우주에 있는 게 분명하다고 베라는 믿었습니다.
별들이 움직이는 속도를 보면 알 수 있었죠.

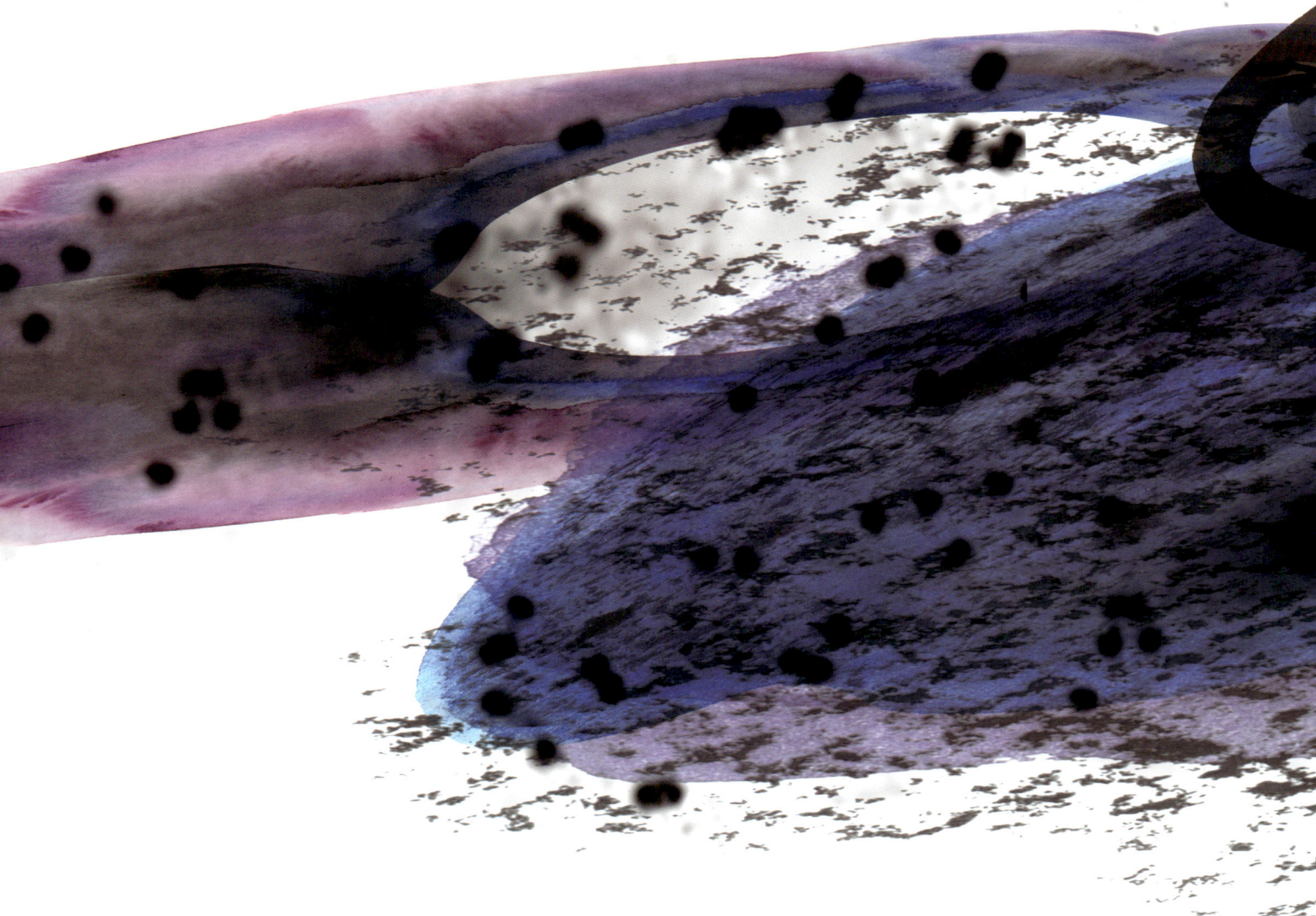

그러나 천문학자들은 대부분 베라의 말을 듣지 않았습니다. 몇몇 사람들만 믿을 뿐이었죠.
밤하늘에는 별보다 어둠이 훨씬 더 드넓게 펼쳐져 있었습니다. 만약 베라가 옳다면 천문학자들은 지금껏 우주에서 아주 작은 부분만 연구해 온 셈이지요.

베라는 천문대로 돌아가, 더 많은 사진을 찍어 여러 은하가 움직이는 모습을 기록했습니다. 나선 모양 팔을 풍차처럼 넓게 펼치며 회전하는 은하도, 나선 모양 팔을 중심에 꼭 감고 회전하는 은하도 모두 관찰했지요. 베라가 관찰한 은하의 개수는 40개, 60개…… 200개를 넘어섰습니다.

은하를 하나하나 살펴보니, 결과는 모두 같았어요. 은하 중심에서 멀리 떨어진 별들은 은하 중심에 가까운 별들과 비슷한 속도로 빨리 움직였습니다. 이제 천문학자들은 베라를 의심하지 않았지요. 베라가 옳다는 걸 인정할 수밖에 없었어요. 베라는 암흑 물질이 우주 전체 물질 중에 80퍼센트 이상을 차지한다는 증거를 찾아낸 거예요.

베라는 이제 은하 가장자리에 멀리 떨어진 별이 아니었습니다.
은하 한가운데에서 반짝이는 별이었지요.

"대체 암흑 물질이란 무엇인가요?"
과학자들이 질문할 때마다 베라는 웃으며 대답했습니다.
"차가운 행성이나 죽은 별일 수도 있고, 아니면 벽돌이나 야구 방망이 같은 것일 수도 있지요."
암흑 물질이 무엇으로 이루어져 있는지, 어떤 물질인지 완벽히 밝히진 못했지만 베라는 실망하지 않았습니다. 천문학 연구가 즐거운 건, 아무도 관심 두지 않는 곳에서 새로운 수수께끼를 찾아 푸는 데 있으니까요. 그것도 밤하늘에 수놓인 별을 보면서요. 산 정상에 있는 천문대에서 보든, 자기 방의 창문으로 보든 말이지요.

여러분 모두가 세상을 바꿀 수 있어요.
우리는 별과 같은 물질로 만들어졌으며
우주와 연결되어 있기 때문입니다.

– 베라 루빈

지은이의 말

베라 루빈은 자신의 연구가 '말도 안 되고' '엉터리 같다'고 비판받은 경험을 절대 잊지 않았습니다. 이제 막 우주에 생겨난 은하처럼, 베라는 양팔을 쭉 펴고 젊은 과학자들에게 먼저 손을 내밀었지요. 그들이 하는 말에 귀 기울이고 포기하지 않도록 격려하며, 행여나 비틀거릴 때는 기댈 어깨를 내밀어 주었습니다. 베라는 특히 젊은 여성들을 지지하고 응원해 주었습니다. 세대를 가리지 않고 여성 천문학자들에게 베라 루빈은 '길잡이 별' 같은 존재였습니다.

카네기 연구소에서 베라는 켄트 포드와 함께 일했습니다. 켄트는 분광 사진기를 발명했는데, 이것을 망원경에 부착하면 별빛을 색깔별로 분리할 수 있었습니다. 빗방울에 햇빛이 분산되어 무지개가 생기는 것과 같은 원리였죠. 이를 이용해 별을 관찰해 보니 별들이 파란색을 띠면 비교적 가까운 거리에서, 붉은색을 띠면 더 먼 거리에서 움직이고 있다는 걸 알 수 있었지요. 분광 사진기로 별들의 색깔 변화를 관찰하면서 베라는 밤하늘의 별들이 움직이는 속도까지 추측할 수 있었습니다. 켄트 포드의 분광사진기는 워싱턴 D.C.의 미국 국립 항공우주 박물관에 지금도 전시되어 있답니다.

베라의 뒤를 이어 다른 천문학자들이 연구한 결과, 새로운 사실이 밝혀지기도 했습니다. 이전엔 별들이 은하의 중심 주위를 회전하는 것처럼 여러 은하가 우주의 중심 주위를 회전한다고 추측했어요. 그런데 실제로 은하들은 우주가 팽창하며 서로 점점 멀어지고 있다는 사실이었지요. 그래도 베라는 의욕을 잃는 법이 없었습니다. 알고 있던 사실이 뒤집히고 새로운 발견을 하는 것은 늘 즐거운 일이었으니까요.

오늘날에도 암흑 물질의 정체는 정확히 밝혀지지 않았습니다. 사람과 같은 평범한 원자 물질로 구성되어 있지 않으며, 중력을 갖고 있고, 빛을 내거나 반사하지 않는다는 점 외에는 여전히 모르는 것투성이입니다. 베라 루빈은 세상을 떠나며 암흑 물질의 수수께끼를 '모험심 강한 미래 과학자들'에게 물려주었습니다.

베라 루빈의 삶

1928년 7월 23일 미국 펜실베이니아주 필라델피아에서 태어났습니다.

1948년 5월 배서 대학교에서 천문학을 공부하고 학사 학위를 받았어요.

1948년 6월 수학자이자 물리학자인 로버트 루빈과 결혼합니다.

1951년 코넬 대학교에서 석사 학위를 받았어요.

1954년 조지타운 대학교에서 박사 학위를 딴 뒤, 10년 동안 이곳에서 천문학을 가르쳤습니다.

1965년 카네기 연구소에 당당히 들어갔지요.

1965년 여성 최초로 팔로마 천문대에서 우주를 관측하는 꿈을 이룹니다.

1970년 안드로메다은하 바깥 부분에 있는 별들이 예상보다 빠른 속도로 움직인다는 사실을 발표했어요.

1980년 암흑 물질이 있다는 연구 결과를 세상에 공개했습니다.

1981년 연구 성과를 인정받아 미국 국립 과학 아카데미에 회원으로 뽑혔어요.

1993년 미국에서 가장 영예로운 국가 과학 훈장을 받았습니다.

1996년 영국의 왕립 천문 학회에서 금메달을 받았어요. 168년 만에 여성 최초였지요.

2016년 12월 25일 세상을 떠났습니다.

2020년 미국 국립 과학 재단에서 베라 루빈을 기리고자 칠레에 세우는 대형 관측 망원경의 이름을 '베라 C. 루빈 천문대'로 바꾸었습니다.